AF298016

DISCOURS
MILITAIRE
ET PATRIOTIQUE

Prononcé dans la Séance publique de la Société des Amis de la Constitution des Ville & District de Lille, le 13 Janvier 1791, par M. Vernoy, Soldat au Régiment de Brie, au nom de tous les Soldats-Citoyens de la Ville de Lille, dans la grand'Salle du ci-devant Hôtel du Gouvernement.

MESSIEURS,

L'Aristocratie, toujours attentive à se faire de nouveaux prosélytes, vient de faire jouer les ressorts de l'artifice, pour ébranler notre vertu, & faire de la Garnison de cette Ville ses plus fidèles Partisans : elle n'a pas craint d'employer les armes de la calomnie, pour nous détourner du sein du Patriotisme, & faire tremper nos mains dans le sang de ceux qui nous ont donné le jour.

Cette Hydre à sept têtes, qui renait à chaque coup qu'on lui porte, que la raison ne peut vaincre, à qui la voix de la nature ne peut se faire entendre, ne consultant que son ambition, voudroit, même aux mépris des Loix les plus sacrées, rompre les liens d'une Société intime, & détruire en un jour les longs & inappréciables travaux de nos Augustes Représentans.

Mais, graces à vous, Messieurs, graces à votre vigilance, ces manœuvres out été déjouées. Tout manifeste en vous les cœurs les plus dévoués au bien public, & les plus terribles ennemis de l'Aristocratie. En effet qui peut ignorer que sans la respectable association que vous avez formée, association établie dans chaque Ville du Royaume, nous aurions à jamais été la proie de ces vautours. De concert avec les Augustes Membres de l'Assemblée Nationale, vous vous efforcez d'arrêter le cours de leurs fureurs, & de sauver la vie à tant de braves Citoyens qui sont proscrits par ces méchans. Vous êtes notre soutien, vous êtes nos pères ; rien n'échape à votre œil attentf ; à l'ombre de votre égide tutélaire, nous reposons, sans crainte, dans le sein du Patriotisme ; le seul nom de votre Société les fait trembler, & les ver-

tus qui regnent parmi vous, la justice &
l'équité qui font l'ornement de votre Corps,
sont pour nous les plus sûrs garans de la
tranquillité publique.

Semblable à l'odieux Néron, (cet Empe-
reur Romain, que l'on ne peut se rappeler
sans horreur), l'Aristocratie dans son délire
a dit; » Je voudrois que tous les Amis de
» la Constitution n'eussent qu'une seule tête ;
» ma haine seroit plutôt assouvie, ma ven-
» geance seroit complette, je me donnerois
» la douce satisfaction de faire ruisseler le
» sang de ces êtres faits pour ramper devant
» moi, ou si j'en laissois échapper quelques-
» uns , ce ne seroit que pour les accabler
» sous le poids de ma puissance. »

C'est en vain que les promesses les plus
engageantes, les menaces les plus terribles,
ont été employées tour-à-tour ; fermes dans
nos principes, nous nous sommes toujours
rappelés ce conseil de l'Apôtre : » Frères ,
» soyez attentifs & veillez sans cesse , parce
» que l'*Aristocratie* rode autour de vous ,
» cherchant qui elle dévorera ; résistez-lui
» fortement, & opposez-lui tout votre amour
» pour la Constitution. »

Trop honteux pour parler en public, trop
convaincus de leurs fausses prétentions, pour
oser défendre hautement leur cause , les
Aristocrates manœuvrent en secret & cherchent à semer la zizanie parmi les Militai-
res , qui ne respirent que pour le bien public ; & corrompre en nous des Citoyens ,
qui les premiers ont ressenti les heureux ef-

fets de la révolution. —— La frivolité de leurs discours, la vanité de leurs raisons, & la puérilité de leurs objections, ne sauroient faire aucune impression sur nos esprits; il ne peut y avoir que des ames foibles ou de vils partisans du crime & du brigandage qui, gagnés par les méchans, cherchent à semer la discorde, en répandant parmi la Troupe de ligne des billets grossièrement injurieux, qu'ils voudroient faire attribuer à la Garde nationale. —— Nous ne pouvons nous y méprendre, nous connoissons aisément les coupables desseins de l'envie & les traits vénimeux qu'elle lance pour détruire la bonne union qui regne entre ces deux respectables Corps.

Qu'ils parlent sans crainte, qu'ils s'annoncent sans effroi, & on les écoutera; mais je les vois déja pâlir, & leur orgueil est réduit au plus honteux silence.

L'Aristocratie n'est donc qu'un masque trompeur & hypocrite, qu'il est facile de lever; nous allons la prévenir & réfuter toutes les objections qu'elle pourroit nous opposer.

Sur quoi appuient-ils leurs droits? quel est le but de leur conduite & le motif de leurs procédés? Cherchent-ils à nous corrompre ou à nous éclairer?

Premièrement, s'ils cherchent à nous corrompre, qu'ils se désabusent, qu'ils cessent de mettre en œuvre les ruses & les stratagêmes les plus noirs, pour nous effrayer;

qu'ils ne perdent pas leur tems à nous amu-
ser par l'espoir flatteur d'un avenir plus heu-
réux : en vain nous exaltent-ils, nous pro-
mettent-ils le retour de l'âge d'or ? nous sommes inébranlables & prêts à cimenter de notre
propre sang, les fondemens de la Constitution. —— Cherchent-ils au contraire à nous
éclairer ? qu'ils nous fassent part de la pu-
reté de leurs intentions & de la force de leurs
raisons ; qu'ils nous donnent le plan d'une
meilleure Constitution, toujours propice
au bien public & conforme aux droits de
la nature ; alors nous céderons & nous les re-
connoîtrons sans peine pour nos Législateurs.

Leurs vues sont bien contraires à de si
beaux sentimens, puisqu'elles ne tendent qu'à
fouler aux pieds le pauvre & à écarter les
talens, qui ne sont décorés d'aucun titre,
des charges & des dignités, qui dorénavant
ne seront accordées qu'aux sciences & au
mérite. Ils frémissent de rage de ce qu'ils
n'apportent plus en naissant le droit de com-
mander une Armée, ou de régler à leur gré
les mouvemens d'un Royaume. C'est donc
corriger de grands abus & donner un nouvel
essor aux talens, que de rendre l'homme l'ar-
tisan de sa fortune.

Les Romains qui, sous des Loix si sages,
ont conquis l'univers, l'ont perdu, dès que
les rênes de l'Empire ont été achetées au prix
de l'or & de l'argent, ou qu'elles ont été a la
disposition d'un favori ou d'une concubine.

Tel étoit cependant l'état du Gouvernement François, depuis si long-tems en but

à tout ce que la tyrannie a de plus affreux. Ces Agens du despotisme étoient juges & parties ; notre malheureuse vie étoit pour eux un théâtre où ils diversifioient leurs caprices ; nous étions pour eux , ce qu'est un morceau d'argile entre les mains d'un Potier qui, d'une partie, peut en faire un vase d'honneur, & de l'autre, un vase d'opprobre.

C'étoit donc là ton sort, ô Nation Françoise ! toi qui te faisois tant d'honneur de ta liberté, dont tu n'avois que le nom.

La Nature, cette tendre mère nous a donné en partage la *Liberté* & *l'égalité;* nos ancêtres ont cru devoir donner quelques marques de distinction, dans un tems où la rivalité étoit contraire aux beaux-arts & au commerce, (encore ne les accordoient-ils qu'à ceux qu'ils en croyoient dignes). Dans la suite, ces dignités ont été données en héritage ; il faut donc supposer qu'on a cru que les enfans en héritant des avantages, hériteroient aussi des talens de leurs pères.

Nous accorderons que leurs droits soient fondés sur l'antiquité la plus reculée ; mais pour détruire toutes les subtilités qu'ils pourroient employer pour parvenir à leur but, nous soutenons que ce ne peut être sérieusement, qu'ils prétendent, qu'étant nés d'une famille distinguée, ils doivent par-là négliger les qualités de l'ame & de l'esprit.

Tout cela est merveilleux, me diront-ils; mais l'habitude, cette seconde nature, un usage répandu, tout combat votre système;

ce raisonnement tombe de lui-même, & il suffit de dire que le mal est toujours mal , l'habitude & la coutume ne peuvent changer son essence. Par exemple , pourroit-on douter que le vol & le meurtre soient des crimes presque aussi anciens que le monde ? Mais qui oseroit prétendre qu'ils doivent rester impunis ? La grêle ravage les campagnes , la peste détruit en un instant les familles les plus nombreuses. Niera-t-on que ce ne soient là des fléaux que la Divinité nous envoie pour nous punir. Il faut donc remonter jusqu'au principe des choses , & ne pas s'arrêter aux accidens qui les accompagnent.

Nos grossiers aïeux s'étoient laissés ravir leurs droits les plus sacrés , la liberté & l'égalité ; mais notre siècle plus éclairé , n'a-t-il pas le droit de les réclamer ? Nos pères pouvoient disposer des leurs , & non de ceux de la postérité.

De prétendus esprits forts traitent d'infamie tout ce qui contrarie leurs vues ; ils condamnent avec emportement tout ce qui a rapport à la perfection de cette sage Constitution, (qu'ils nomment l'abolition de leurs droits), tandis qu'ils voyoient d'un œil indifférent l'innocence opprimée , & qu'ils arboroient fièrement l'étendard de l'injustice. Cette vermine cruelle approuvoit & louoit même un usage qui ne tendoit qu'à la destruction des droits de l'homme, & ils blâment une révolution qui ne tend qu'à réparer les maux dont leur fierté nous accabloit.

La liberté est donc le seul bien qui nous reste, & le seul qui soit fondé sur les loix de la nature : Misantropes furieux, ils se déchaînent sans cesse contre cet aimable titre, son éclat les importune, ils cherchent à nous le ravir, & mettent tout en œuvre pour nous remettre sous le joug de la tyrannie. Qu'ils se détrompent ; qu'ils ne se flattent plus, qu'en nous donnant à chacun la somme de *trois livres*, (idée que nous ne pouvons nous rappeler sans rire), nous deviendrions leurs plus fidèles Agens, & que nous serions les plus horribles instrumens de leur vengeance.

Leur gloire est passée, leur triomphe disparoit de jour en jour ; le dépit les consume, & la seule consolation qui leur reste, c'est de pouvoir nous cacher leur honte & leur désespoir.

Confondons-les entièrement, ruinons toutes leurs espérances, jurons sur nos glaives étincelans, répétons tous d'une commune voix : » Oui, nous tenons aussi étroitement » à la Constitution & à ses fidèles Amis, » que le lierre au chêne & la vigne à l'ormeau. Renouvellons tous nos sermens, laissons là tout les détails ennuyeux de l'Aristocratie, occupons-nous seulement, en ce jour, à consolider l'union & l'harmonie qui règnent entre le Militaire & le Citoyen. Écrions-nous tous à la fois : » Périssent de » mille morts les traitres & les tyrans qui » oseront tenter de renverser l'édifice ma- » jestueux d'une Constitution qui assure no- » tre bonheur.

DISCOURS

De M. Dubois *le jeune*, *Député du déta-chement du Corps Royal d'Artillerie, en Garnison à Lille.*

Messieurs,

Ayant appris qu'il existoit dans votre Ville une Société des Amis de la Constitution, les sous-Officiers & Canonniers du Corps Royal d'Artillerie, se trouvant, dans cette circonstance critique, détachés dans l'intérieur de vos murs, brûlant du même civisme dont vous êtes animés, s'empressent de venir vous demander de se joindre à vous, pour déveloper avec l'énergie & la franchise la plus pure, les sentimens de Patriotisme dont leurs cœurs sont idolâtres.

Ils viennent renouveler entre vos mains, le serment sacré qu'ils ont fait, de maintenir de toutes leurs forces la Constitution, & de ne diriger l'airain national, que contre ses ennemis.

De toutes les classes de Citoyens , nous sommes, sans contredit, celle qui sut mieux que personne apprécier le despotisme & l'arbitraire ; nous avons été pendant de longues & malheureuses années , assujettis à de vils agens subalternes : mais notre Auguste Assemblée Nationale a travaillé & travaille encore tous les jours à adoucir & améliorer notre sort.

La reconnoissance & la justice nous prescrivent donc l'observance la plus inviolable de tous les Décrets de nos Législateurs acceptés ou sanctionnés par notre bon Roi, & c'est pour en saisir l'esprit, que nous nous empressons de nous joindre à vous.

C'est dans ces sentimens que nous nous déclarons

Vos dévoués & fidèles Compatriotes, les sous-Officiers & Canonniers du Régiment de Besançon, Artillerie, détachés à Lille.

Suivoient les signatures des Soldats-Citoyens des différens Corps composant la Garnison de cette Ville.

RÉPONSE

DE M. DUHEM, Médecin,

Président de la Société.

CONCITOYENS, FRÉRES !

Les preuves non équivoques que vous avez
données de votre civisme , dès les premiers
instans de la révolution ; votre prudence ,
votre courage dans les circonstances les plus
orageuses & les plus critiques , votre soumis-
sion exacte aux Loix & à la Discipline militaire , ont toujours rassuré les Amis de la
Constitution sur les manœuvres perfides , sur
les tentatives odieuses de nos ennemis com-
muns.

La démarche éclatante que vous faites au-
jourd'hui , est bien propre à faire trembler
tous les tyrans de la terre..... Qu'ils viennent , à présent , ces orgueilleux despotes.....
Qu'ils déchaînent contre nous leurs esclaves
soudoyés... Qu'ils se renforcent de tout ce qu'il
y avoit en France de mauvais Citoyens..... Et
qu'ils franchissent , s'ils l'osent , les frontiè-
res sacrées d'un peuple magnanime , qui

vient de proclamer, à la face de l'univers, son respect inviolable pour les propriétés & la liberté de ses voisins....

Forts de notre union, invincibles par notre concorde, fidèles à nos sermens, nous apprendrons à ces vils suppôts de la tyrannie, ce que peuvent des hommes libres, ce que peuvent des François qui, après avoir brisé le joug odieux dont on les accabloit depuis tant de siècles, verseront jusqu'à la dernière goutte de leur sang pour défendre les droits imprescriptibles de la Nation, & maintenir l'exécution parfaite des Loix émanées de nos Augustes Représentans & sanctionnées par le Monarque vertueux que le Ciel nous a donné dans sa clémence.

Tels sont, ô nos dignes Frères! tels sont, ô nos Concitoyens! les principes & les sentimens de la Société des Amis de la Constitution.

Elle vous prie d'accepter les témoignages sincères de sa reconnoissance & de sa gratitude. Elle vous invite à assister à toutes ses Séances, & puissions-snous, dans l'effusion de notre Patriotisme, répéter sans cesse cette acclamation sublime : VIVE A JAMAIS LA NATION, VIVE A JAMAIS LA LOI, VIVE A JAMAIS LE ROI.

A LILLE,
De l'Imprimerie de C. L. DE BOUBERS,
Place de Rihour.